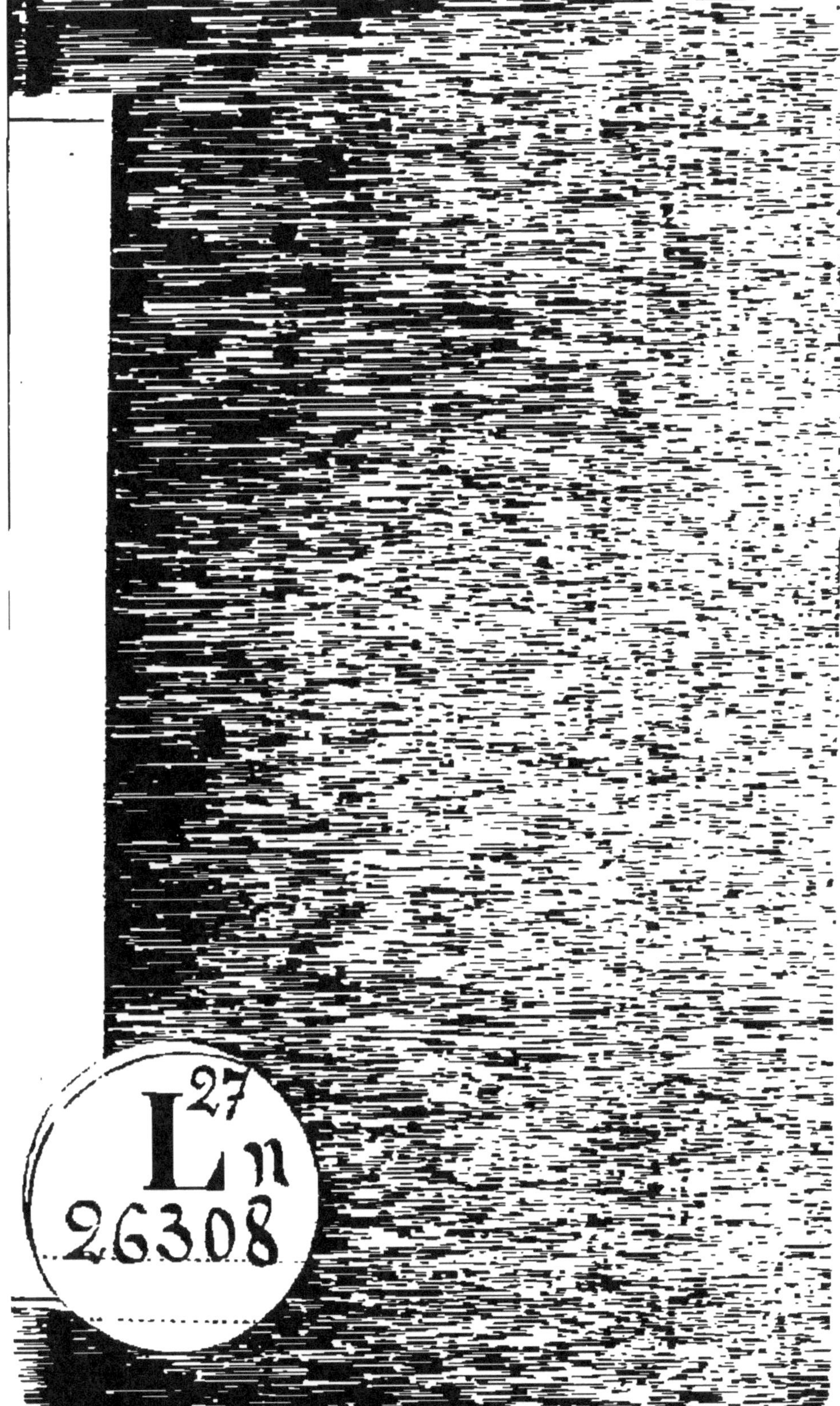

FRÈRE ET SŒUR.

—

UN SAINT ET UNE SAINTE.

UN MARTYR ET UNE VIERGE.

APPROBATION.

—

MARIE-JOSEPH-FRANÇOIS-VICTOR MO-
NYER DE PRILLY, par la miséricorde divine
et la grâce du Saint-Siége apostolique,
évêque de Châlons,

La Société de Saint-Victor ayant soumis
à notre approbation un petit opuscule in-
titulé *Vie de sainte Savine, vierge, pré-
cédée d'un aperçu sur la vie de saint Savinien*, martyr, par M. l'abbé Pignart,

Nous l'avons fait examiner; et sur le
rapport qui nous en a été fait, nous pen-
sons qu'il offrira une lecture agréable et
édifiante.

Donné à Châlons, sous notre seing, le
sceau de nos armes et le contre-seing du
secrétaire-général de l'évêché, le vingt-
deux mai mil huit cent quarante-huit.

M.-J.-F.-V., ÉVÊQUE DE CHALONS.

Par Monseigneur,

DARAS,

Chanoine-Secrétaire.

VIE
DE SAINTE SAVINE,

VIERGE,

PRÉCÉDÉE D'UN APERÇU SUR LA VIE

de

SAINT SAVINIEN,

MARTYR.

PLANCY.

Société de Saint-Victor pour la propagation
des bons livres.

—

1849.

PROPRIÉTÉ.

ARRAS : TYP. E. LEFRANC ET Cᵒ.

A ma sœur Savine,

Je dédie ces quelques pages,

Moi, son frère,

L. P......

UN MOT D'AVANT-PROPOS.

Trois siècles à peine s'étaient
écoulés depuis l'an de grâce où
le Dieu-fait-homme était venu en
ce monde, et déjà ce Dieu — jusqu'a-
lors inconnu—était adoré, servi d'un
bout de l'univers à l'autre ; Rome,
la ville idolâtre , était devenue
chrétienne, et la Grèce elle-même
— la Grèce si folle et si rieuse —
s'était faite, presque à son insu,
austère et grave ; du culte de ses
dieux — de ce culte grossier du

plaisir et des sens, — elle en avait assez ; elle sentait enfin qu'en elle se remuait une âme, *mens agitat molem;* l'Esprit de Dieu avait soufflé sur elle; il lui était venu, porté sur les eaux qui bordaient ses îles, *Spiritus Dei ferebatur super aquas.* On voyait que l'apôtre des Gentils, que le grand Paul avait passé par là. Il était mort, c'est vrai, et depuis longtemps déjà ; mais il avait laissé vivantes et prospères les jeunes chrétientés qu'il avait converties.

Dans ces âges primitifs de l'Eglise naissante, qu'on peut appeler les temps héroïques du christianisme, la vie des fidèles — angé lique et pure — était bien vraiment l'Évangile en action. Les chrétiens d'aujourd'hui — ceux du moins qui, en effet, le sont — le nombre en est petit hélas ! — s'en tiennent, pour la plupart, — et à grand'peine encore — à la stricte observance des préceptes ; dans le chemin de la vertu , ils marchent terre-à-terre.... Autrefois ce n'était pas ainsi : les fidèles de ce temps-là , prenant leur point de vue du ciel , s'élevaient plus haut , et allaient plus loin ; ce n'était pas trop pour eux que de pratiquer à la lettre les conseils évangéliques, et d'aspirer ainsi au sublime de la perfection. A peine la grâce touchait-elle une âme, à peine lui donnait-elle la première impulsion , qu'aussitôt elle allait à Dieu, et ne s'arrêtait plus dans les voies qui conduisent à lui. *Les Vies des Saints* sont pleines de ces exemples-là; je m'arrête à un seul; à mon sens, il est admirable.

Heureux si je puis, rajeunissant un peu les pages vieillies d'une pieuse légende du temps passé, rendre une ombre de vie à une sainte, morte ici-bas depuis des siècles, mais vivante au ciel, pour l'éternité !...

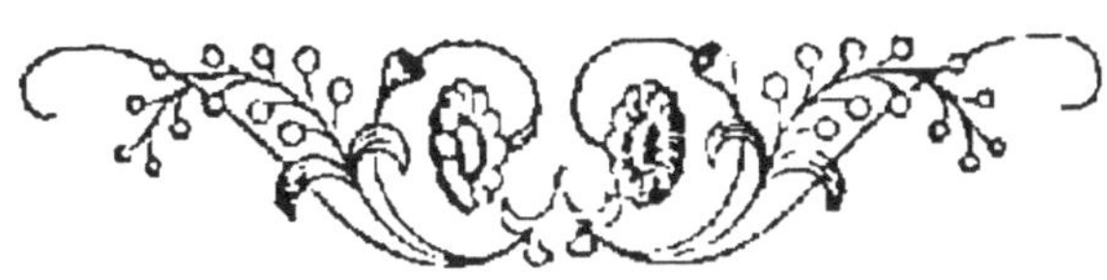

Vers le milieu du deuxième siècle de l'ère chrétienne, dans la ville où naquit Pythagore, à Samos, capitale de l'île du même nom, vivait un homme que sa naissance et ses richesses rendaient recommandable ; mais il avait de plus beaux titres encore à la considération, c'étaient et la pureté de ses mœurs et l'irréprochable intégrité de sa vie. Cet homme s'appelait Savinus. Malheureusement les dieux du paganisme étaient encore ses dieux...

— Le seront-ils toujours ? — Ayons espoir que non : la grâce aura son heure, peut-être... attendons la.

— La première femme qu'épousa Savinus lui donna un fils. On l'appela Savinianus, ou Savinien, comme disent les anciennes légendes ; c'est, au reste, un seul nom — le même exprimé dans deux langues.

— D'une seconde femme, d'origine chaldéenne, il eut une fille; et comme c'était l'usage, elle reçut le nom patronymique de la famille : on l'appela Savina, ou Savine.

Disons un mot du frère avant de parler de la sœur ; lui bien connu, on la connaîtra mieux :

PREMIÈRE PARTIE.

—

Le Frère (martyr.)

—

SAINT SAVINIEN.

—

Savinien, plus âgé que sa sœur d'une dizaine d'années, parvenait à l'adolescence, que celle-ci était encore une enfant. — C'était un jeune homme de grande espérance; aussi son père rêvait-il pour lui un brillant avenir. Pour le mettre à même de fournir une carrière glorieuse, il lui donna les plus habiles maîtres. Désireux d'apprendre, avide de connaître, le fils de

Savinus sut bientôt tout ce qu'on lui enseignait ; toutes les sciences lui étaient familières, et l'art de bien dire surtout — l'art des arts dans la savante Grèce — n'eut bientôt plus de secrets pour lui. Depuis quelque temps il ne se livrait plus qu'à l'étude exclusive de la philosophie, étude grave et sérieuse, puisqu'elle est — comme son nom l'indique —l'étude de la sagesse.

Il allait s'enfoncer dans cette science ardue — comme dans toutes les autres — d'un élan rapide ; mais dès le début, une difficulté l'arrête, — difficulté immense !

Tous ces hommes — et quels hommes encore ! — tous ces hommes faits-dieux, que la Grèce adore, sont-ils vraiment des dieux ? — Voilà, pour le jeune philosophe, le problème à résoudre : sa raison s'y essaie ; elle a sou-

levé déjà un coin du voile du sanctuaire
payen ; la grâce en déchire le dernierl
ambeau : dans son âme, aussitôt , la
lumière se fait; comme Socrate — un
sage de son pays — il a ditdans son
cœur: Oui, il est un Dieu, un seul Dieu,
je l'adore et n'adore que lui. Comme li
dit, il fait : il répète dans un saint trans-
port ces paroles des Psaumes, qu'il
vient de lire — paroles qui l'ont éclairé,
qui l'ont converti — : Répandez, Seigneur, répandez sur moi vos eaux purifiantes, et je deviendrai pur. *Asperges
me, Domine,... et mundabor.* L'Eglise
alors compte un chrétien de plus, Savinien vient de recevoir le baptême de
désir. La grâce, cet aimant divin, qui
attire les âmes, entraîne, électrise l'âme
de Savinien : comme Antoine, il vient
d'entendre au fond de sa conscience
une voix qui lui dit : Tu vas tout quit-

ter, — pays, biens et famille — pour
t'attacher à moi. Il obéit, il part.... —
Vers quelles contrées dirigera-t-il ses
pas ? — Il ne le sait vraiment pas,
c'est l'Esprit-Saint qui le mène, il và...
Le voici en Italie — est-ce là qu'il s'ar-
rêtera ? — Non, l'Esprit de Dieu l'appelle, il l'appelle plus loin; il va... il
met le pied sur cette terre qui est aujourd'hui la France, il entre en Champagne, il arrive à Troyes...

Mais le bruit qui se fait dans la po-
puleuse ville troublerait les recueille-
ments de son âme méditative ; il s'en
éloigne, il s'achemine vers les bords de
la Seine, et là il fiche en terre son bâton de voyageur. Un vallon solitaire,
une source d'eau vive viennent d'arrê-
ter son choix. Il se bâtit là une petite
cellule. Il s'y cachait à peine depuis
quelques jours, qu'un pieux visiteur

vint l'y découvrir, c'était saint Parre…
Il se jette aussitôt dans les bras de Savinien : Tu es mon frère, dit-il, soyons ensemble : *Tu es socius meus, stemus simul*. Chose admirable ! comme, à une première vue, les saints se reconnaissent ! — On croit que ce fut à l'endroit même où eut lieu l'entrevue des deux bienheureux, qu'un prêtre du Christ appelé par saint Parre, donna le baptême au fervent néophyte.

Une fois agrégé dans la sainte famille des enfants de la foi, le nouvel initié aux mystères de la croix ne veut plus rien apprendre, ne veut plus rien savoir — lui si avide naguère de toutes les sciences profanes — que Jésus et Jésus crucifié. Il l'étudie sans cesse, il le prêche, il l'annonce, et, d'un bout de la Champagne à l'autre, il le fait adorer.

L'empereur Aurélien — un des persécuteurs — se trouvait alors dans les Gaules : il apprend avec dépit que Savinien fait au Dieu des chrétiens de nombreux prosélytes. La colère le transporte... —Qu'on l'arrête, s'écrie-t-il... — Une colonne entière se détache de l'armée ; elle part ; ils sont plus de cent hommes, cent payens armés contre un chrétien sans armes. Ils arrivent.. Savinien priait... Aussitôt — comme si une force inconnue venait de sortir de lui — les légionnaires tremblent et s'enfuient effarés.... — Les lâches ! crie l'empereur en courroux, avoir peur d'un homme ! des soldats romains !... — A ce reproche injurieux, cent braves se présentent... Eux, du moins, ils vont avoir raison de ce chrétien formidable... Arrivés près du Saint , le respect les arrête... Savinien priait !.. Son oraison

finie, il se relève de terre, et, s'adres-
sant au chef de la troupe : Que voulez-
vous de moi ? — Suivez-nous, lui ré-
pond le tribun. Savinien obéit, on arrive au camp. Aurélien trônait en maître sur son tribunal. Le captif du Christ
s'avance, le front calme, au milieu de
son escorte armée... il est devant son
juge. Aux demandes impérieuses et
hautaines que lui adresse le superbe
césar, il ne fait qu'une réponse — la
même toujours — : Je suis chrétien.

De patience lasse, Aurélien le fait
charger de chaînes ; Savinien ne s'é-
meut ni ne se trouble... son corps est
garrotté, mais son âme est libre ;
comme saint Pierre, il annonce jusque
dans les fers, aux soldats qui le gar-
dent, le Dieu qui a souffert pour eux,
et pour lequel il souffre à son tour....
« Je désire, leur dit-il, et je demande

à mon Dieu que, par sa grâce, vous deveniez chrétiens. Oh ! oui, je le souhaite ardemment — *opto apud Deum* — puissiez-vous être tous tels que je suis moi-même, à la réserve de ces chaînes : *omnes fieri tales qualis ego sum... exceptis vinculis his!....* — Grand et généreux Paul, vous avez un digne imitateur !.. — un si beau souhait devait être exaucé, il le fut : sur-le-champ les soldats, convertis, demandèrent le baptême... Savinien en a fait des chrétiens ; une heure plus tard, Aurélien en faisait des martyrs...

— Empereur — bourreau ! tu crois triompher ? erreur ! tes sanglantes victoires sont autant de défaites ; ici, sache-le bien, celui qui a vaincu, c'est encore, c'est toujours le Galiléen. Tu ne vois pas, insensé ! que l'holocauste de Jésus continue, continue sans cesse

de monter vers le ciel ! tu ne vois pas
que le sang des martyrs efface et lave
sur le pavé de tes villes les souillures
de la débauche payenne, et que ce généreux sang purifiant la terre et la fé-
condant, lui fait enfanter des chrétiens
nouveaux !...

— Enfin, se dit l'empereur, il faut
en finir avec ce chrétien ; il se rendra,
je le veux — Mais s'il ne le veut pas,
lui ?... — Je l'y forcerai, dussé-je em-
ployer contre lui des tortures inouïes.
— Eh bien ! essayez. — Il essaie, en
effet, le barbare : un licteur amène
devant lui Savinien ; il a les pieds et
les mains brisés par des entraves de
fer, on lui enfonce sur la tête un cas-
que d'acier rougi au feu... — L'héroïque patient ne jette pas un cri, il regarde le ciel... — Cette cruauté de
bête fauve révolte les bourreaux eux-

mêmes... La pitié les gagne, — et la foi aussi, — trois d'entre eux demandent le baptême. Ils croient à un Dieu pour lequel on se laisse tenailler les membres et brûler les os. Encore trois chrétiens, durent s'écrier les anges... — Encore trois martyrs, hurla le tyran...

— Que se prépare-t-il encore ? — Sans doute quelque supplice nouveau... On allume un grand feu, on place un vaste gril sur la braise ardente... Vite, vite, crie une voix furieuse — c'est le tyran qui commande — vite, étendez-le sur ce lit de fer, je veux qu'il y meure... — Vous voulez ! — C'est bientôt dit... — Et si Dieu ne le veut pas ? Tenez, voilà justement le Tout-Puissant qui s'en mêle... Il donne à son martyr une force qui résiste au feu. Jetez de l'huile, allez, versez-en des

tonnes pour aviver le brasier ; il flam-
boie, mais il ne brûle pas... Vos sy-
barites couchés sur des roses y sont
moins délicieusement que Savinien sur
les flammes ; vous ne voyez pas
son angélique visage qui rayonne d'une
céleste joie ? — Héroïque Savinien !
vous êtes bien heureux, *beatus es !...*
Le Dieu qui réjouissait la jeunesse
des enfants hébreux dans l'ardente
fournaise, console, épanouit votre âme,
Deus qui lœtificat. Oh ! oui, vous êtes
bienheureux, *beatus es,* mais vous allez l'être plus encore, *et bene tibi
erit...* Patience, encore un peu de
temps... *adhuc modicum...* et le ciel
est à vous !.. — Le ciel ! vous le voyez,
n'est-ce pas ? comme Etienne le martyr, vous le voyez ouvert, *video cœlos
apertos ;* vous voyez la gloire qui vous
attend là haut, la gloire même de Dieu,

video gloriam Dei; elle va vous couronner d'une glorieuse auréole; c'est votre bourreau qui le veut. Entre, vous dit-il, dans la joie de ton Dieu, *intra in gaudium Domini tui.* Les licteurs sont là, ils relèvent Savinien de son brûlant lit de fer, ils l'attachent à un poteau avec de fortes chaînes... comme si, d'aventure, il pouvait s'échapper... — il n'y songe guère, grand Dieu ! et puis, après tout, leurs liens n'étreignent que le corps ; quant à l'âme, on ne la garrotte pas... Dès qu'elle voit le ciel ouvert, elle y vole, nul n'y peut rien, pas même un tyran. Les archers tendent leurs arcs ; les flèches vibrent sur la corde ; elles partent, sifflent et fendent l'air... Ces mille dards d'acier doivent avoir criblé le corps du saint martyr... On s'approche, on regarde ; pas la moindre piqûre, les traits se sont égarés tous... Je me trompe, une flèche, une seule, est allée à son but... mais ce n'est pas Savinien qu'elle a atteint, c'est Aurélien lui-même... Elle l'a frappé où on frappe les empereurs et les rois — à la tête, il a un œil crevé... Cependant Savinien priait ! Tout à coup, Dieu le délivre : ses chaînes tombent, il est libre.... Ses gardes, frappés d'aveuglement, ne l'ont pas vu partir... Ce n'est pas qu'il veuille leur échapper, pourtant : il sait qu'il va mourir ; il veut seulement aller recevoir le martyre aux lieux mêmes où il a reçu le baptême.... Il arrive sur les bords de la Seine... ; mais c'était sur la rive opposée que le saint néophyte avait été régénéré dans les eaux purifiantes qui font les enfants de Dieu.... La surface des ondes devient un chemin solide et ferme... Comme saint

Pierre, Savinien y marche d'un pied assuré... Son pèlerinage est fini... Le voici arrivé à l'endroit même où il a déposé, pour la première fois, son bâton de voyageur... — Il était temps !.. les soldats qui le poursuivent approchent.... ils approchent encore... ils sont à deux pas de lui... A la vue du Saint, ils s'arrêtent interdits !.. — Eh bien ! leur dit l'intrépide martyr, vous hésitez ! allons ! remplissez votre mission, ne craignez rien... je vous pardonne ma mort... — Une minute encore :.. j'oubliais mes volontés dernières... Les voici : Une fois mon sang versé, recueillez en une goutte, et dites à votre maître : « Aurélien empereur ! Savinien le martyr vous envoie de son sang ; mettez-en sur votre œil, et vous serez guéri. Maintenant je suis à vous... »

Il finissait à peine de parler, qu'un des soldats s'élance... et lui tranche la tête...

La belle mort que celle d'un martyr! elle est belle comme sa vie... elle est précieuse aux yeux du Seigneur, *pretiosa in conspectu Domini*...

C'est ainsi que saint Savinien passa de vie à trépas, le 24 janvier de l'an du Sauveur 275. — Comme dit le peuple, dans son naïf langage, les paroles des saints sont paroles d'Evangile, elles sont vraies :... — Le persécuteur employa le remède qu'avait prescrit le martyr, et, grâce au persécuté, la guérison fut instantanée.

.   .   .   .

— Maintenant que nous connaissons la pieuse vie du frère et son héroïque mort, parlons de la sœur, esquissons la vie de sainte Savine.

IIe PARTIE.

La Sœur (vierge).

SAINTE SAVINE.

— Nous l'avons dit — Savine était bien plus jeune que Savinien, son frère. Toutefois, — malgré la grande disparité de leurs âges — ils s'aimaient comme devraient s'aimer toujours un frère et une sœur ! — Nés, tous deux, de parents payens, ils avaient sucé — elle et lui — le lait empoisonné de l'erreur....

— Mais Savinien, on le sait, s'en dégoûta bientôt, et son âme, — selon le mot profond d'un saint Père — était naturellement chrétienne...

— Savine — tout enfant qu'elle était — se sentait portée à adorer d'instinct le Dieu qu'adorait secrètement son frère... Une pieuse conformité de sentiments l'unissait donc à ce frère chéri...

— Un jour elle s'éveille... souriante et gaie... comme on l'est à cet âge... — le matin de la vie est, — comme le matin du jour, — plein de pureté et de riantes images;... mais, tout à coup, un voile de tristesse assombrit sa douce et gracieuse figure... elle vient d'apercevoir des pleurs sur les joues ridées de son vieux père... Et sa mère! sa mère si tendre lui ouvre ses bras et la reçoit sur son sein... — Elle ne sait rien encore, la pauvre enfant! et — cependant — le chagrin la gagne...

elle redoute un malheur... elle en a un
pressentiment vague... Cet état d'in-
certitude, d'anxiété pénible, lui serre et
lui brise le cœur... Coûte que coûte,
elle veut en sortir... — Son père la
prévient... Il parle, l'infortuné vieillard !... mais on l'entend à peine ; il a
des larmes dans la voix.... Hélas ! —
s'écrie-t-il, — hier encore j'étais le
plus heureux des pères... et aujour-
d'hui... aujourd'hui... je suis le plus
malheureux de tous !... j'avais deux
enfants !... et — à l'heure qu'il est, —
tu nous restes seule, ma Savine ai-
mée !... Savinien nous a abandonnés...
nous n'avons — nous — plus de fils,
— toi — plus de frère !... A cette ré-
vélation, — si douloureuse, hélas ! —
la pauvre délaissée éclate en sanglots,
elle court, éperdue, dans toute la maison :... — Mon frère ! mon frère ! —

s'écrie-t-elle, où es-tu? mon frère. Savinien, réponds-moi!... — Votre frère! — pauvre sœur!... vous l'appelez en vain... il est loin... bien loin... — Cependant, elle espère, elle espère encore — il est si dur de n'espérer plus! Seule, elle revoit tous les lieux qu'ils ont, si souvent, parcourus ensemble, l'esprit rempli — elle d'idées tendres — lui de pensées graves...

Votre frère — pauvre sœur! n'est à aucun endroit de vos promenades chéries... Là, — comme dans votre cœur — il ne reste rien de lui... Je me trompe... — là — comme dans votre cœur — il y a... son souvenir... seulement. Savinien est loin, bien loin déjà... — Hélas! se dit-elle, comment donc a-t-il pu me quitter, me quitter sans un mot d'adieu!... — lui mon

frère, moi sa sœur! moi qu'il aimait
tant!... Il l'aimait donc bien ce Dieu,
dont souvent il me parlait en secret!
Oh! oui, il fallait qu'il l'aimât!... —
Pour s'attacher à lui, il vient de quitter tout — même sa sœur!... — Im-
prévoyante que je suis! j'aurais dû
m'en douter!... — Je me le rappelle
— il m'entretenait souvent du bonheur
d'adorer le Dieu des chrétiens... il me
disait que j'étais le seul lien qui le re-
tînt encore dans notre île... et ses yeux
s'attachaient sur moi avec tristesse...
De si navrants souvenirs n'étaient pas
faits pour adoucir les regrets de la pauvre abandonnée... loin de les calmer,
le temps semblait les accroître encore...
Ses parents, alarmés — ce n'était pas
sans cause — s'inquiétaient de la voir en
proie à un chagrin si vif et si persis-

tant. — S'ils pouvaient la consoler, — du moins, — eux, — pourtant si profondément tristes !... — Ils l'ont essayé bien des fois... et, — pour le faire — hélas ! qu'ils en ont étouffé de larmes rentrées !... — Rien ne peut la consoler... Au reste, elle ne veut pas être consolée : *noluit consolari*... Savinien absent, elle est inconsolable !... Sa vie est plus amère que l'olive cueillie sur l'arbre... à chaque heure de chaque jour elle soupire après ce frère chéri... Qui te rendra donc à moi ! mon frère, s'écrie-t-elle — éplorée. — Si loin que tu sois si je pouvais te retrouver !... — Un jour, — pourtant, — ses parents crurent s'apercevoir qu'elle était moins triste, et un peu de joie leur revint au cœur... — Pauvre père ! pauvre mère ! leur joie va durer peu !... ce n'est là qu'un rayon de bon-

heur — le dernier qui luira sur leur
chagrine et sombre vieillesse... —
Pourtant, ils ne se trompaient pas...
Savine était, — en effet, — moins
triste. Elle s'était dit : « Si j'invoquais
le Dieu qu'adore Savinien !... » — Heureuse et sainte idée ! — c'était le Ciel
qui la lui inspirait ; à cette heure-là,
sans doute Savinien priait, il priait pour
sa sœur, tant regrettée, hélas ! Elle
aussi, elle pria... elle redit avec ferveur
ces paroles qu'il lui avait apprises : Vrai
Dieu ! fais que je te connaisse et que je
t'aime !... — La nuit suivante, elle eut
une vision...

Elle vit son frère en songe... elle
crut l'entendre qui lui disait : « Savine,
ma sœur ! je suis chrétien ! que mon
Dieu soit ton Dieu ! sois chrétienne
aussi... » — Le jour venu, la sœur de
Savinien se rappela sa vision... Elle a

une confidente, une amic, comme on en a peu, Maximinale, et elles se sont partagé le sein de la même mère... la mère de Savine ; toutes petites enfants, elles ont sucé le même lait ; sœurs alors, elles le sont encore... elles le seront toujours.... C'est donc à cette sœur d'affection quelle révèle le secret qui réjouit son cœur : Je le sens, dit-elle, Savinien m'appelle... — notre père et notre mère... il les a quittés pour servir et n'aimer que le Dieu Nazaréen... Pour l'aimer et le servir, je vais les quitter aussi, ces pauvres parents !... — les quitter ;... — pourtant, eux qui n'ont plus que moi !... — Mais il le faut... Savinien m'appelle... — D'un élan spontané les deux sœurs se jettent dans les bras l'une de l'autre, elles pleurent... Savine — la première — s'arrache à ces étreintes qui lui déchi-

rent l'âme... — Maximinale — hors
d'elle — s'attache à ses vêtements...
Tu partirais sans moi! dit-elle en san-
glottant... je ne le souffrirai pas ; où tu
iras, j'irai...

Le lendemain il n'était bruit dans
Samos que de la disparition des deux
jeunes filles : on plaignait sincèrement
Savinus... Pauvre père ! disait-on, se
voir privé — coup sur coup — de
deux enfants, qui seraient un jour de-
venus les soutiens de sa vieillesse... et
dire, ajoutait la foule, que des filles de
la Grèce... — un si beau pays ! —
quittant leurs parents et nos dieux —
s'en vont, — exilées volontaires, —
adorer, on ne sait où, un Dieu qu'on
ne connaît pas et qu'ils appellent
Christ....

Les multitudes ont, parfois, de ces

mots vrais qu'on pourrait appeler des vérités d'instinct.

— Un Dieu qu'on ne connaît pas ! avez-vous dit, payens de Samos. — Vous parlez juste, allez ! plus juste que vous ne pensez... Non, hélas ! vous ne le connaissez pas... Aussi ne suis-je pas surpris de vous voir étonnés de ce que deux jeunes Grecques, vos compatriotes, vont sous d'autres cieux, dans une patrie moins riante que votre île fortunée, adorer ce crucifié qui ne veut pour disciples que ceux qui comprennent, et, s'il le faut, pratiquent cette parole de lui : « Quiconque ne m'aime pas plus que son père, plus que sa mère... celui-là n'est pas digne de moi. » — Car, si vous le connaissiez ce Dieu-là, les deux vierges qui, pour lui, se dévouent, ne seraient plus, à vos yeux, de si étranges fugitives...

Tenez, Savinus, lui-même, Savinus, l'infortuné vieillard, commence à comprendre qu'un enfant quitte un père pour chercher un Dieu!... Tout à l'heure encore Savinus pensait comme vous, mais maintenant ? — plus. — Cela vous étonne ? voici le mot de l'énigme : Il s'abandonne, dans le premier instant, à la douleur d'avoir perdu sa fille ; il fait des vœux aux dieux Lares, les gardiens de sa demeure ; mais ces dieux, — muets et sourds, — ils sont de pierre et de bois, — n'entendent ni ne parlent à cette âme en peine.. Alors il se lasse d'adorer en vain ces impuissantes idoles... « Dieu-Christ, s'écrie-t-il, comme d'inspiration : brise, anéantis mes dieux, et tu seras mon Dieu... — Comme si ces deux mots étaient des paroles magiques, — les idoles croulent et tombent... il n'en reste rien, Si, pourtant... de la poussière... plein la main. C'est tout. — Eh ! bien, Savinus ! êtes vous chrétien, maintenant ? — Oui, il l'est...; le Dieu du frère et de la sœur est le Dieu du père ; aussi il n'attend plus que le baptême... le Ciel y pourvoira.

— Revenons à nos pieuses pélerines. Depuis que nous les avons quittées, elles ont fait du chemin... Les saints vont vite... ils courent après Dieu ! — Savine et sa compagne arrivent enfin à Rome ; elles font, dans la ville des apôtres, une halte pieuse. Savine, comme son frère, eut dès le premier jour, une heureuse rencontre... A Troyes, lui, trouve un saint dans le premier homme qui s'offre à ses regards ; elle, à Rome, trouve une sainte dans la première femme à laquelle elle s'adresse ! Il n'y a que les amis

de Dieu pour avoir de ces bonheurs-
là !... Justine — c'était le nom de la
servante du Christ — accueille .avec
une bonté de mère — elle qui n'a
pas d'enfant ! — cette fille que le Ciel
lui envoie. La jeune Grecque — en
retour — se sent instinctivement portée à chérir, — comme une mère, —
cette pieuse Romaine, tout à coup, —
pour elle, — si tendre et si dévouée !
une tendresse infinie naissait vite et se
cimentait fortement entre ces âmes
vouées au sacrifice... — Les dogmes
chrétiens, toute cette doctrine si belle
que lui avaient apprise dans les catacombes Pamphyle, Caius et Quentin,
— ces dignes remplaçants des apôtres,
— la Romaine convertie l'enseigne,
avec zèle, à sa fille adoptive. Toutes
les nuits, elle assiste, avec elle, aux
saintes assemblées des fidèles ; toutes

les nuits, elle entend, avec elle, les exhortations sublimes des prêtres du Christ. — Bientôt, les vœux de Savine seront exaucés... elle va, — elle aussi, — recevoir le baptême.

— Justine la présente au saint prêtre Eusèbe : elle est initiée, dit-elle, à nos mystères sacrés. — Le pieux pontife alors verse l'eau purifiante sur le front de la jeune catéchumène ; il a prononcé les mots sacramentels.... la chrétienne s'agenouille et rend grâces à Dieu... — Maximinale s'approche · — Et celle-ci ? quelle est-elle ? dit Eusèbe à Justine ? — C'est la sœur de Savine ; elle veut être des nôtres ? — Elle le veut. — Maximinale ! dit l'homme de Dieu, je te baptise au nom du Père et du Fils et du Saint-Esprit. — Les prières des fidèles venaient de finir... tous, ils s'éloignaient

en silence... Savine était toujours là,
agenouillée, devant l'image du Christ.
— Ma fille, il est temps de partir, lui
dit Eusèbe, allez. — La jeune Grecque
se lève, elle va au prêtre, elle lui parle
à voix basse... Les vieilles mains du
pontife s'abaissent sur cette tête de
vingt ans, — et on l'entend murmurer
ces deux mots : Épouse du Christ,
soyez bénie !... L'instant d'après les
catacombes étaient vides et l'Église
comptait une vierge de plus ! — Heureuse d'être à Dieu tout entière ,
d'être à Dieu corps et âme, elle oublie
la terre pour ne songer qu'au Ciel !...
Je me trompe... Oh ! non, elle ne
l'oublie pas, la terre ! — Et les malheureux donc ? et les infirmes, et les
affligés ? — Elle est leur providence,
ils l'appellent leur consolation. Elle si
humble, elle qui eût tant aimé vivre

ignorée, n'être comptée pour rien. Elle voit toutes les souffrances lui venir à elle, il semble qu'une mystérieuse voix a couvoqué devant elle ce congrès de douleurs, que cette voix, les appelant de partout, leur a dit : Venez à elle,... vous serez soulagées. — On se croit transporté dans la cité sainte ; on croit voir la Palestine — cette terre, a dit un poète chrétien, labourée par des miracles — on croit voir la Palestine que le Sauveur visite encore. La servante du Seigneur, à chaque pas qu'elle fait, opère d'éclatants prodiges ! on dirait qu'à toute heure une vertu inconnue sort de ses mains bénies... Les aveugles voient, les sourds entendent, les boiteux marchent....

— Cinq années durant, la vierge de Samos, nous dit son biographe, opère

dans Rome de miraculeuses guérisons.
Le temps passe si vite, quand on fait
le bien!... — Mais son frère? elle n'y
songe donc plus? — Elle! n'y plus
snoger! Oh! si, vraiment, elle y songe,
la Sainte est toujours sœur, — voyez-
vous.... — Si elle l'eût pu, il y a
longtemps déjà qu'elle serait dans les
bras de Savinien... Mais que voulez-
vous? chaque fois qu'elle est prête à
partir, une bonne œuvre se présente à
faire... elle la fait, et tous les jours ce
sont des retards pareils... Enfin elle
quitte Rome avec sa pieuse compagne,
elle y laisse dans les larmes sa mère
d'adoption et le saint prêtre qui l'a
faite chrétienne. Partout, elle passe en
faisant le bien : on dirait que l'ange
qui la conduit la mène à dessein là où
il y a une misère à soulager, une souf-
france à guérir... A Ravenne, un soir,

il l'adresse, pour demander l'hospitalité
d'une nuit, chez une des familles les
plus distinguées du pays ; elle y est ac-
cueillie avec empressement et vénéra-
tion. Cela se conçoit : cette famille
était chrétienne, et, — sans qu'elle
s'en doutât, — Savine y était con-
nue... — Les saints voudraient toujours garder l'incognito ; mais c'est
malaisé... leurs vertus les trahissent...

— Cependant, à travers la joie que
ses hôtes avaient de la recevoir, la
jeune voyageuse crut apercevoir une
teinte de tristesse.... quelque chose
comme un chagrin contenu, mais vif
et poignant. — Hélas ! elle ne se
trompait pas... — Les amis de Dieu
ne sont pas, plus que les autres,
exempts de chagrins et de peines ; —
au contraire, ce sont souvent ceux
qu'il éprouve davantage. Lui-même l'a

dit : *Quos amo castigo.* — Ils n'a-
vaient qu'une fille, les pauvres affligés,
et cette fille était là gisante sur un lit
de douleur, elle allait mourir.....

La mère désolée espère encore ,
pourtant... Une mère ! ça espère toujours... Elle se rappelle cette jeune
Galiléenne dont l'Évangile parle...
Elle était morte , — elle , — on le
croyait du moins ; heureusement , Jésus était là ! « Ce n'est pas la mort ,
dit-il, qui lui ferme les yeux , c'est le
sommeil, le sommeil d'un instant , *non
est mortua puella, sed dormit...* Il lui
prend la main.... elle se lève , elle
parle, elle est revenue à la vie, elle est
rendue à sa mère — consolée.... —
Si le Sauveur renouvelait le prodige ,
en faveur de sa fille, à elle ! — Sainte
femme, ayez confiance, votre foi mé-
rite bien un miracle ; oui , votre foi

— si vive — dans un instant aura sauvé la fille que vous aimez, *fides tua salvam fecit...* Savine est là, près de la couche virginale de la pauvre enfant. — La pieuse mère l'y a conduite.

— La Sainte se recueille... elle prie avec ferveur.... la voilà exaucée : la malade est guérie !... elle et sa mère rendent grâces au Tout-Puissant, elles bénissent la jeune vierge qui, en y entrant, a ramené dans leur maison l'espérance et la vie... — Mais Savine veut, à tout prix, se soustraire à ces témoignages de reconnaissance , — elle les méritait bien, pourtant ! — C'est Dieu, dit-elle, qui a tout fait.

Le lendemain, aussitôt le jour venu, elle prend congé de ses hôtes. Ils la voient partir, hélas! bien à regret ; la jeune fille, surtout, qu'elle vient de guérir est inconsolable... Elle l'a vue

quelques instants à peine cette fille bénie du ciel, et il faut la quitter, s'en
séparer sitôt !

Notre Sainte avait été, — du reste,
— en pressant son départ, heureusement inspirée : en quelques heures, le
bruit du miracle qu'elle venait d'opérer,
se répandit d'un bout de la ville à l'autre. Le nom de cette jeune Grecque —
thaumaturge à 20 ans — était dans
toutes les bouches... Comment se soustraire, si elle eût encore été là, aux bé-
nédictions de tant d'admirateurs ?....
Elle ne se doute guère, — l'humble
fille, — de ce qui se passe à Ravenne... Elle chemine, — sous l'œil
de Dieu, — elle pense à son frère, à
son frère qu'elle va revoir... Elle s'en
réjouit avec Maximinale, qui la suit
partout, qui l'accompagne toujours; les

saintes voyageuses approchent enfin du terme de leur long voyage ; elles sont déjà en Champagne, et c'est vers Troyes qu'elles dirigent leurs pas, — car c'est à Troyes qu'elles trouveront Savinien... Dès l'heure où elle avait appris la fuite de son frère, la pauvre sœur s'était écriée : Mon frère ! où es tu ? et une voix mystérieuse, — celle de son cœur, sans doute, — et aussi celle de Dieu, — lui avait répondu : Il est au pays des Troyens. — Alors elle était partie... maintenant elle arrive... Les deux sœurs viennent encore de gravir une colline... — c'est la dernière, enfin... Arrivées au sommet, elles distinguent, au loin, de vastes remparts... ce sont les murs de la ville désirée, oui, ce sont les murs de Troyes : — un berger qu'elles viennent de rencontrer le leur a dit, — il ne les a pas trompées.

Toute au bonheur de retrouver un frère, qu'elle a si longtemps cherché , Savine s'arrête… elle attend, — pour s'enquérir de lui,— que quelque habitant de la ville se présente à sa vue. Le cœur humain est ainsi fait : quand il va jouir d'un grand bonheur, il se recueille..; sans doute, pour le savourer mieux… — Au même instant, nos deux Saintes aperçoivent un homme qui se dirige vers elles ; il accoste les jeunes voyageuses, il leur parle avec intérêt ; — c'était un chrétien. — Ne pourriez-vous, lui demande Savine , me donner des nouvelles d'un frère que je suis venue , — de bien loin, — chercher en ces lieux ? — Peut - être le pourrai-je, si vous me dites son nom. — Il s'appelle Savinien. — Savinien ! dit Lycère, — c'était le nom du passant. — Lui-même ! où le trouverai-

je, dites? Vous ne me répondez pas?
Aurait-il donc quitté ces lieux? —
Comme vous le dites, il les a quittés...
— Pour aller où! — Au ciel! —
Grand Dieu! mon frère! mon frère
chéri n'est plus! — Hélas! non, ma
fille; mais consolez - vous, il est mort
martyr, il a souffert pour le nom de
Jésus-Christ!...

A cette nouvelle, si imprévue, hélas! la pauvre abandonnée reste anéan-
tie, elle éclate en sanglots. Avant tout,
elle est sœur... — La nature a ses
droits, même sur le cœur des saints.
— Cependant la voici tout à coup qui
se calme : on le voit, elle est rési-
gnée... la chrétienne reparaît... — Mais
son frère, pourtant, elle ne le reverra
plus!.... — ici - bas? — non; mais
là haut! elle espère le retrouver; elle
croit le voir déjà : « Qui suis-je, dit-

elle, ô mon Dieu, qui suis-je, pour m'opposer à vos volontés saintes? Vous avez brisé le dernier lien qui me retenait à la terre, béni soyez-vous! Retirez moi, Seigneur, retirez-moi de ce monde, afin qu'avec mon frère, je puisse à jamais chanter vos grandeurs et célébrer vos miséricordes!... — C'est bien là le vœu d'une sœur et d'une sainte!... — Sera-t-il exaucé?

— Il l'est : le corps de la jeune vierge s'affaisse et tombe doucement, au lieu même où elle a prié.... Son âme est déjà au ciel!... elle est réunie à celle de Savinien! Elles peuvent chanter alors, ces deux âmes bienheureuses, — veuves, hélas! si longtemps l'une de l'autre, — ces paroles d'amour :
« Que c'est un bonne et douce chose,
» pour un frère et une sœur, d'habiter
» en une même demeure, surtout quand

» cette demeure est le ciel : *Quam bo-
» num et quam jucundum habitare
fratres in unum !...* — C'est ainsi que
sainte Savine rendit sa belle âme à
son créateur, vers l'an 276 de l'ère
chrétienne, le 29 janvier. — C'est à
ce jour qu'est fixée sa fête par le mar-
tyrologe. Le pieux biographe, en ins-
crivant son nom dans le nécrologe des
saints, — ce livre d'or du ciel, para-
phé sur la terre, — l'apostille sinsi :
« Elle entreprit, — pour l'amour de
Jésus-Christ, — un dur et pénible
voyage en de lointains pays, pratiqua
toujours les plus sublimes vertus, et ,
favorisée du don des miracles, elle s'en-
dormit en paix du sommeil des justes:
*Pro Christi amore, laboriosissima pe-
regrinatione suscepta, etiam virtutibus
et miraculis clara, quievit in pace.* »

Écrit le jour de sainte Savine.
29 janvier 1847.

L. P.

Société de Saint-Victor.

—

EN VENTE :

Bibliothèque d'encouragement.

50 vol. in-32, avec Couvertures dorées, Gravures, etc. — Prix des 50 vol. : 5 fr. — Ces 50 volumes forment chacun un ouvrage complet. Tous sont nominativement approuvés.

LE MOIS DE MARIE,

Par M. l'abbé Pinart.

1 volume in-18, avec fig., 30 c.

DISCOURS

SUR

L'HISTOIRE UNIVERSELLE,

Par Bossuet,

Nouvelle édition, augmentée de notes né-
cessaires, et plus correcte que les édi-
tions précédentes ; 1 vol. in-8°, avec le
portrait de Bossuet, 2 fr. 50 c.

Dictionnaire universel des Hérésies,

DES ERREURS

ET DES SCHISMES,

D'après Pluquet, Bergier, saint Alphonse
de Liguori, Grégoire, et les historiens
de l'Eglise ; continué jusqu'à nos jours
par M. Th. Guyot ; 1 vol. in-8° sur
deux colonnes, 3 fr 75 c.

LÉGENDE

DE

NOTRE-DAME,

OU VIE DE LA SAINTE VIERGE,

d'après tous les légendaires du moyen-âge,

Par M. l'abbé Daras;

1 fort vol. in-12, 1 fr. 80 c.

DIEU

EST L'AMOUR LE PLUS PUR,

ÉDITION CATHOLIQUE,

approuvée par Mgr l'Évêque de Troyes.
80 c.

UN CŒUR CHRÉTIEN,

Par le P. Matthieu Martin;

1 volume in-8°, orné d'une magnifique gravure en taille douce, de M. Hallez.

2 fr. 50 c.

La Mort d'Abel,

POÈME DE GESSNER,

suivi d'un choix de ses autres œuvres, avec une notice par M. A. Aubert; vol. in-16, 1 fr. 25 c.

Nouvelle Cacographie,

A L'USAGE DES MAISONS D'ÉDUCATION,

Par M. l'abbé L. Charpentier.

in-12, 80 c.

NOUVELLES FLEURS

DE LA

VIE DES SAINTS,

Pour tous les jours de l'année, avec le Traité de la Canonisation, abrégé de Benoît XIV, une Notice sur les instruments de supplice des martyrs, une Instruction sur les fêtes mobiles. Ouvrage publié dans une nouvelle forme, sous la direction de M. l'abbé Blion. 2 vol. in-8°, avec deux gravures, approuvé par Mgr l'évêque de Châlons. Prix, 5 f.

HEURES ROMAINES,

LATINES ET FRANÇAISES,

2 vol. grand in-18 de 1,800 pages environ (partie d'été et partie d'hiver), imprimés avec soin sur très-beau papier glacé. Le prix des deux volumes brochés, 5 fr. 50 c. ; reliés, 4 fr. 50 c.

ASSOCIATION CATHOLIQUE

AVEC PRIMES,

Pour la diffusion des bonnes lectures.

I est créé 5,000 actions de dix francs.
— Le souscripteur d'une action a droit :
1º A choisir pour 10 fr. de livres·dans le
catalogue de la Société et à les recevoir
immédiatement ; 2º à gagner une des
5,000 primes affectées aux 5,000 actions,
savoir : une prime de 1,000 fr. de livres;
quatre primes de 500 fr. de livres; quinze
primes de 200 fr. de livres; vingt primes
de 100 fr. de livres ; quatre-vingts primes
de 50 fr. de livres. Les autres primes sont
composées de deux grandes miniat ures en
or, en couleur, copiées des maît^{r}es du
moyen-âge, propres à être encadré^{e}s dans
des cadres d'un pied. — Le prix de ces
deux miniatures est de dix francs pour les
étrangers à la souscription.

Les livres et les primes seront envoyés
sans aucun frais d'emballage ; mais les
souscripteurs sont invités à se réunir plu-
sieurs pour recevoir ces objets à moins de
frais de port.

Une souscription semblable aura lieu
tous les ans au mois de septembre.

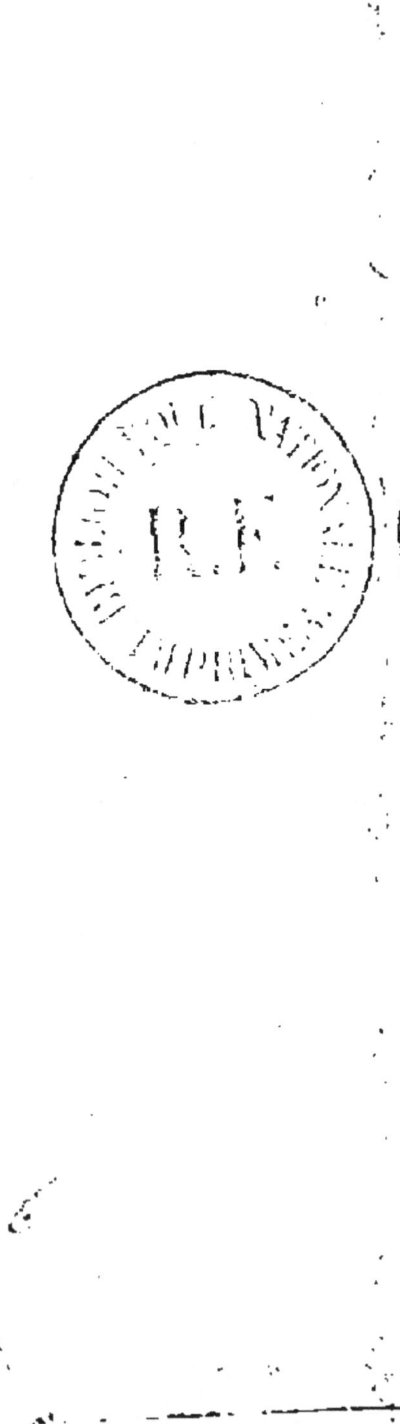

www.ingramcontent.com/pod-product-compliance
Lightning Source LLC
Chambersburg PA
CBHW051245030726
47595CB00003B/1098